Coole Cubes

Olivia Mack McCool

Coole Cubes

40 einfache Rezepte für die Eiswüfelform

EMF

EIN BUCH DER
EDITION MICHAEL FISCHER

Inhalt

Ein leit ung

Eine Silikon-Eiswürfelform ist aus vielerlei Gründen ein nützliches Küchenwerkzeug, nicht nur für die Herstellung formvollendeter Eiswürfel. Macht man sich im Internet auf die Suche, hat man nach kurzer Zeit jede Menge Blog-Posts und Videos gefunden, die zeigen, wie eine Eiswürfelform auf kreative und einfache Weise in der Küche verwendet werden kann: aromatisierte Eiswürfel, gefrorene Saucen- und Kräuterwürfel und viele einfallsreiche Dessertkreationen. Mit einer hochwertigen Silikon-Eiswürfelform können Sie wirklich alles machen!

Eiswürfelformen eignen sich hervorragend für Süßspeisen. Mit diesen supersimplen Gefäßen lassen sich unzählige verschiedene No-bake-Desserts herstellen. Einfach die Zutaten hineingießen oder -schichten und im Gefrierfach oder Kühlschrank kalt stellen. Das ist besonders praktisch, wenn sich kurzfristig Gäste angekündigt haben, Sie schnell viele einzeln portionierte Desserts brauchen oder wenn Sie mit den Kindern einen lustigen Nachmittag in der Küche verbringen wollen. Das Servieren der Desserts wird durch das antihaftende und flexible Material der Silikon-Eiswürfelformen zum Kinderspiel. Der Inhalt lässt sich ganz leicht herauslösen, behält dabei seine Form und hat noch dazu die perfekte Größe.

Dieses Buch ist eine Rezeptsammlung für genau diese einfachen No-bake-Desserts, auf die Sie zurückgreifen können, wenn Sie einmal keine Lust zum Backen haben oder Sie im Sommer den Backofen nicht anwerfen möchten. Zaubern Sie Cheesecake-Häppchen (Seite 56) als süßen Abschluss für ein Abendessen mit Freunden; Schokotrüffel (Seite 24), die sich das ganze Jahr als selbst gemachte Mitbringsel und auch für Kuchenbasare eignen; Eis-Sandwiches (Seite 72), die auf der Geburtstagsfeier kleiner Gäste ganz hoch im Kurs stehen werden (sogar mit Streuseln!); und Pannacotta (Seite 64), ein italienisches, puddingartiges Dessert, das den größten Süßspeisenskeptiker in Ihrer Familie überzeugen wird.

Für die Rezepte in diesem Buch brauchen Sie Eiswürfelformen in zwei Größen: Formen für Eiswürfel in Standardgröße (Kantenlänge etwa 2,5cm) und Formen für größere Eiswürfel (Kantenlänge etwa 5cm). In den meisten Rezepten werden die Standard-Eiswürfelformen verwendet, da sie ideale, mundgerechte Dessert-Happen ergeben. Die größeren Formen kommen vor allem bei den Pannacotta-Rezepten zum Einsatz, eignen sich aber für alle Desserts in diesem Buch, da die Mengenangaben in den Rezepten leicht angepasst werden können.

Eiswürfel mit Geschmack

Obwohl diese Würfel kinderleicht herzustellen sind, haben sie definitiv einen Wow-Faktor. Mit diesen Eiswürfeln verwandeln Sie sogar ein Glas normales Mineralwasser oder Eistee in einen coolen Drink. Im Kaffee oder in Matcha-Getränken lassen sich damit wunderbar langsam schmelzende Geschmackswellen erzeugen.

Matcha-Latte-Cubes

Für das perfekte Matcha-Getränk. Einfach Mandelmilch dazugeben und die Eiswürfel beim Schmelzen langsam das herrliche Matcha-Aroma entfalten lassen. Dieser trendige grüne Tee aus Japan setzt Koffein langsamer frei als Kaffee und ist somit für alle, die gerne etwas weniger koffeingeladen in den Tag starten, das ideale Getränk am Morgen.

ERGIBT 12 EISWÜRFEL

430 ML MANDELMILCH
1 EL MATCHAPULVER
1 EL HONIG (ALTERNATIV AHORNSIRUP)

Alle Zutaten in einer kleinen Schüssel verrühren, bis keine Klümpchen mehr zu sehen sind. Die Masse durch ein feinmaschiges Sieb in einen Messbecher oder ein ähnliches Gefäß mit Ausgießer umfüllen. Anschließend gleichmäßig auf 12 Fächer einer Silikon-Eiswürfelform aufteilen. In das Tiefkühlfach stellen und vollständig gefrieren lassen.

Eiskaffee-Cubes

Mit diesen Coffee Cubes erhält Ihr Eiskaffee eine Extraportion an Geschmack, und kommt noch ein Schuss Ihrer bevorzugten Milch dazu, wird daraus ein köstlicher Latte.

ERGIBT 12 EISWÜRFEL

430 ML KALTER KAFFEE

Den kalten Kaffee gleichmäßig auf 12 Fächer einer Silikon-Eiswürfelform aufteilen. In das Tiefkühlfach stellen und vollständig gefrieren lassen.

Zitronen-Eiswürfel

Kaum ein Getränk schmeckt so gut wie ein erfrischend kaltes Mineralwasser mit Zitronenaroma. Hier wird die Zitrone in die Eiswürfel gepackt. Dafür können Sie auch übrig gebliebene Zitronenhälften aus dem Kühlschrank verwenden.

ERGIBT 12 EISWÜRFEL

125 ML ZITRONENSAFT
12 KLEINE BIO-ZITRONENSPALTEN

Den Zitronensaft gleichmäßig auf 12 Fächer einer Silikon-Eiswürfelform aufteilen. In jedes Fach 1 Zitronenspalte legen und mit Wasser auffüllen. In das Tiefkühlfach stellen und vollständig gefrieren lassen.

Minz-Eiswürfel

Eiswürfel voll frischer Minze machen jeden Eistee zum Geschmacks-Hit und verleihen ihm noch dazu eine coole Optik. Folgen Sie hier einem alten Barkeeper-Trick und schlagen Sie die Minzstängel sanft gegen Ihre Hand, bevor Sie die Blätter in die Eiswürfelform legen. Dadurch setzt die Minze ihr gesamtes Aroma frei.

ERGIBT 12 EISWÜRFEL

12 MINZBLÄTTER

In alle 12 Fächer einer Silikon-Eiswürfelform jeweils 1 Minzblatt legen und mit Wasser auffüllen. In das Tiefkühlfach stellen und vollständig gefrieren lassen.

Matcha-Latte-Cubes
Zitronen-Eiswürfel
Eiskaffee-Cubes

Minz-Eiswürfel

Schokoladen-Variationen

Sie werden über Ihr Talent als Chocolatier staunen. Für die Leckerbissen in diesem Kapitel gießt man geschmolzene Schokolade in die Eiswürfelform und garniert die Würfel mit verschiedenen Toppings. Probieren Sie alle möglichen Schoko-Frucht-Nuss-Kombinationen aus. Die Pralinen halten sich einige Wochen im Kühlschrank oder Gefrierfach. Vor dem Servieren sollten sie allerdings zuerst Raumtemperatur annehmen.

Mexikanische Gewürzschokolade

Das süß-würzige Aroma, ist vielleicht nicht das, was Sie erwarten, wenn Sie an Schokolade denken. Doch diese Geschmackskombination hat in Mexiko aus gutem Grund Tradition. Zimt und Cayennepfeffer verleihen sowohl Zartbitter- als auch Milchschokolade eine angenehme Note. Außerdem ist es kinderleicht, Schokolade mit Gewürzen zu aromatisieren. Einfach schmelzen lassen und die Gewürze einrühren.

ERGIBT 12 WÜRFEL

185 G	ZARTBITTER- ODER MILCHSCHOKOLADE
½ TL	GEMAHLENER ZIMT
¼ TL	CAYENNEPFEFFER
2 EL	GERÖSTETE, GESALZENE ERDNUSSKERNE

Die Schokolade hacken und in eine hitzebeständige Schüssel geben. Etwas Wasser in einem kleinen Topf zum Köcheln bringen und die Schüssel daraufsetzen. Das Wasser darf dabei den Boden der Schüssel nicht berühren. Die Schokolade unter gelegentlichem Rühren schmelzen und anschließend vom Herd nehmen. Dann gemahlenen Zimt und Cayennepfeffer einrühren.

Sie können die Schokolade auch in 10-Sekunden-Intervallen in der Mikrowelle schmelzen und dazwischen immer wieder umrühren.

Die geschmolzene Schokolade gleichmäßig auf die 12 Fächer einer Silikon-Eiswürfelform aufteilen. Die Erdnusskerne fein hacken und über die Schokolade streuen. Anschließend mindestens 2 Stunden im Kühlschrank oder Gefrierfach kalt stellen.

Schokoladige Frucht-Nuss-Würfel

Das Dreiergespann aus Schokolade, Nüssen und Früchten ist so gut wie unschlagbar und dieses Rezept zeigt, warum. Jede Menge Rosinen, salzige Pistazien und Cashewkerne machen diese Schokowürfel zum idealen Nachmittags-Snack. Sie sind auch ein tolles selbst gemachtes Weihnachtsgeschenk für Freunde und Familie.

ERGIBT 12 WÜRFEL

- **185 G** ZARTBITTER- ODER MILCHSCHOKOLADE
- **60 G** PISTAZIENKERNE, CASHEWKERNE ODER ANDERE NÜSSE
- **75 G** ROSINEN, GETROCKNETE CRANBERRYS ODER ANDERE TROCKENFRÜCHTE

Die Schokolade hacken und in eine hitzebeständige Schüssel geben. Etwas Wasser in einem kleinen Topf zum Köcheln bringen und die Schüssel daraufsetzen. Das Wasser darf dabei den Boden der Schüssel nicht berühren. Die Schokolade unter gelegentlichem Rühren schmelzen und anschließend vom Herd nehmen.

Sie können die Schokolade auch in 10-Sekunden-Intervallen in der Mikrowelle schmelzen und dazwischen immer wieder umrühren.

Die geschmolzene Schokolade gleichmäßig auf die 12 Fächer einer Silikon-Eiswürfelform aufteilen.

Die Nüsse, Kerne und Trockenfrüchte hacken und über die Schokolade streuen. Anschließend mindestens 2 Stunden im Kühlschrank oder Gefrierfach kalt stellen.

Schoko-Swirl-
Würfel mit Tahin
Schokoladige
Frucht-Nuss-Würfel

Schoko-Swirl-Würfel mit Tahin

Tahin, eine Paste aus gemahlenem Sesam, die gerne in der mediterranen Küche verwendet wird, passt perfekt zu Schokolade. Sie verfeinert die Schokolade mit ihrer Cremigkeit, gleicht die Süße aus und funktioniert ähnlich gut wie Erdnussmus mit Schokolade.

ERGIBT 12 WÜRFEL

185 G	ZARTBITTER- ODER MILCHSCHOKOLADE
2 EL	TAHIN (SESAMMUS)
1 EL	SESAM
1 PRISE	MEERSALZFLOCKEN

Die Schokolade hacken und in eine hitzebeständige Schüssel geben. Etwas Wasser in einem kleinen Topf zum Köcheln bringen und die Schüssel daraufsetzen. Das Wasser darf dabei den Boden der Schüssel nicht berühren. Die Schokolade unter gelegentlichem Rühren schmelzen und anschließend vom Herd nehmen.

Sie können die Schokolade auch in 10-Sekunden-Intervallen in der Mikrowelle schmelzen und dazwischen immer wieder umrühren.

Das Tahin zur Schokolade geben und kurz unterziehen, bis eine schöne Marmorierung entsteht.

Die geschmolzene Schokolade gleichmäßig auf die 12 Fächer einer Silikon-Eiswürfelform aufteilen. Den Sesam ohne Fett in einer Pfanne rösten. Dann die Schokolade mit Sesam und Meersalzflocken bestreuen und mindestens 2 Stunden im Kühlschrank oder Gefrierfach kalt stellen.

Schoko-Nuss-Würfel mit Orange

Mit den Schalen verschiedener Zitrusfrüchte lässt sich Schokolade wunderbar aromatisieren. Die ätherischen Öle in der Schale verleihen der Schokolade ein frisches und fruchtiges Aroma. Für einen kräftigeren Nussgeschmack, rösten Sie die Haselnüsse 5 Minuten lang ohne Fett in einer Pfanne.

ERGIBT 12 WÜRFEL

185 G	ZARTBITTER- ODER MILCHSCHOKOLADE
1	BIO-ORANGE
75 G	HASELNUSSKERNE

Die Schokolade hacken und in eine hitzebeständige Schüssel geben. Etwas Wasser in einem kleinen Topf zum Köcheln bringen und die Schüssel daraufsetzen. Das Wasser darf dabei den Boden der Schüssel nicht berühren. Die Schokolade unter gelegentlichem Rühren schmelzen und anschließend vom Herd nehmen. Die Schale der Orange abreiben und unterrühren.

Sie können die Schokolade auch in 10-Sekunden-Intervallen in der Mikrowelle schmelzen und dazwischen immer wieder umrühren.

Die geschmolzene Schokolade gleichmäßig auf die 12 Fächer einer Silikon-Eiswürfelform aufteilen. Die Haselnüsse hacken und über die Schokolade streuen. Anschließend mindestens 2 Stunden im Kühlschrank oder Gefrierfach kalt stellen.

Schoko-Cubes mit Macadamia

Weiße Schokolade wird von Schokoladen-Fans oft als zu süß abgestempelt. Doch dieses Rezept wird sie vom Gegenteil überzeugen! Limettenschale, Kokoschips und gehackte Macadamianusskerne verleihen diesen Schokowürfeln einen blumigen, fast tropischen Geschmack, dem sogar die anspruchvollsten Schoko-Gourmets erliegen werden. Anstatt weißer Schokolade in Tafeln, können Sie auch einfach weiße Schokoladenchips verwenden.

ERGIBT 12 WÜRFEL

185 G	WEISSE SCHOKOLADE (ALTERNATIV WEISSE SCHOKOLADENCHIPS)
1	BIO-LIMETTE
60 G	MACADAMIANUSSKERNE
50 G	KOKOSCHIPS

Die Schokolade hacken und in eine hitzebeständige Schüssel geben. Etwas Wasser in einem kleinen Topf zum Köcheln bringen und die Schüssel daraufsetzen. Das Wasser darf dabei den Boden der Schüssel nicht berühren. Die Schokolade unter gelegentlichem Rühren schmelzen und anschließend vom Herd nehmen. Die Schale der Limette abreiben und unterrühren.

Sie können die Schokolade auch in 10-Sekunden-Intervallen in der Mikrowelle schmelzen und dazwischen immer wieder umrühren.

Die geschmolzene Schokolade gleichmäßig auf die 12 Fächer einer Silikon-Eiswürfelform aufteilen. Die Macadamianusskerne hacken und die Kokoschips kurz in einer Pfanne ohne Fett rösten. Beide Zutaten über die weiße Schokolade streuen. Anschließend mindestens 2 Stunden im Kühlschrank oder Gefrierfach kalt stellen.

Schokotrüffel

Bei dem Wort Trüffel denken Sie vielleicht zuerst an komplizierte Rezepte und Küchenchaos. Doch um diese kleinen Köstlichkeiten zu zaubern, braucht es lediglich eine dünne Schicht geschmolzene Schokolade und eine schnelle, einfache Füllung. Die Silikonform eignet sich durch ihre antihaftende Eigenschaft ideal dafür und Sie müssen sich auch keine Sorgen machen, wie Sie die Form hinbekommen. Die Trüffel lassen sich einige Wochen im Kühlschrank oder Gefrierfach aufbewahren. Vor dem Servieren sollten sie allerdings zuerst Raumtemperatur annehmen.

Schoko-Kokos-Trüffel

Warum einen Schokoriegel kaufen, wenn man diese herrlichen No-bake-Trüffel selbst machen kann? Am besten Zartbitterschokolade verwenden. Sie nimmt den Kokosraspeln etwas Süße und macht die Trüffel schön reichhaltig.

ERGIBT 12 TRÜFFEL

60 ML	GESÜSSTE KONDENSMILCH
50 G	KOKOSRASPEL
½ TL	VANILLEEXTRAKT
125 G	PUDERZUCKER (BEI BEDARF AUCH ETWAS MEHR)
185 G	ZARTBITTERSCHOKOLADE (ALTERNATIV SCHOKOLADENCHIPS)
2 EL	KOKOSÖL

Kondensmilch, Kokosraspel und Vanilleextrakt in einer großen Schüssel verrühren. Den Puderzucker mit einem Silikonspatel einrühren, bis eine dicke, klebrige Masse entsteht. Ist sie zu flüssig, noch etwas Puderzucker hinzufügen. Beiseitestellen.

Die Schokolade hacken und mit dem Kokosöl in eine hitzebeständige Schüssel geben. Etwas Wasser in einem Topf zum Köcheln bringen und die Schüssel daraufsetzen. Das Wasser darf dabei den Boden der Schüssel nicht berühren. Die Schokolade unter gelegentlichem Rühren schmelzen, dann vom Herd nehmen.

Zwei Drittel der Schokolade gleichmäßig auf 12 Fächer einer Silikon-Eiswürfelform aufteilen (etwa 2 TL pro Fach). Die Form schwenken, bis alle 4 Seitenflächen mit Schokolade überzogen sind. Noch 3–4-mal wiederholen, damit eine gleichmäßige Schicht entsteht. Dann die Form 10 Minuten im Gefrierfach kalt stellen. Restliche Schokolade aufbewahren.

Die Form aus dem Gefrierfach nehmen, die Hände mit Puderzucker bestäuben und aus der Füllung 12 traubengroße Kugeln formen (je 1 gehäufter TL). Die Kugeln in die mit Schokolade überzogenen Eiswürfelfächer legen und flach drücken.

Restliche Schokolade mit dem Löffel gleichmäßig auf der Kokosfüllung verteilen. Weitere 30 Minuten im Gefrierfach kühlen, bis die Trüffel fest sind. Bis zum Verzehr im Kühlschrank aufbewahren.

Schoko-Trüffel mit Minze

Hier kommt eine selbst gemachte Version der berühmten Pfefferminztaler. Die beliebte Weihnachtsnascherei wird mit nur fünf Zutaten neu kreiert, und da sie selbst gemacht ist, weiß man auch genau, was drin ist. Pfefferminzextrakt finden Sie im Backzutatenregal der meisten Supermärkte.

ERGIBT 12 TRÜFFEL

125 ML	GESÜSSTE KONDENSMILCH
1 TL	PFEFFERMINZEXTRAKT
185 G	PUDERZUCKER (BEI BEDARF AUCH ETWAS MEHR)
185 G	ZARTBITTERSCHOKOLADE (ALTERNATIV SCHOKOLADENCHIPS)
2 EL	KOKOSÖL

Kondensmilch und Pfefferminzextrakt in einer großen Schüssel gut vermengen. Mit einem Silikonspatel den Puderzucker einrühren, bis eine dicke, klebrige Masse entsteht. Ist sie zu flüssig, noch etwas Puderzucker hinzufügen. Beiseitestellen.

Die Schokolade hacken und in einer hitzebeständigen Schüssel mit dem Kokosöl vermengen. Etwas Wasser in einem kleinen Topf zum Köcheln bringen und die Schüssel daraufsetzen. Das Wasser darf dabei den Boden der Schüssel nicht berühren. Die Schokolade unter gelegentlichem Rühren schmelzen, dann vom Herd nehmen.

Zwei Drittel der Schokolade gleichmäßig auf 12 Fächer einer Silikon-Eiswürfelform aufteilen (2 TL pro Fach). Die Form schwenken, bis alle 4 Seitenflächen mit Schokolade überzogen sind. Noch 3–4-mal wiederholen, damit eine gleichmäßige Schicht entsteht. Die Form 10 Minuten im Gefrierfach kalt stellen. Restliche Schokolade aufbewahren.

Die Form aus dem Gefrierfach nehmen, die Hände mit Puderzucker bestäuben und aus der Füllung traubengroße Kugeln formen (je 1 gehäufter TL). Diese in die mit Schokolade überzogenen Fächer legen und flach drücken. Restliche Schokolade gleichmäßig auf der Füllung verteilen. Weitere 30 Minuten im Gefrierfach kühlen. Bis zum Verzehr im Kühlschrank aufbewahren.

Schoko-Erdnuss-Trüffel mit Brezeln

Schokolade und Erdnussmus haben sich als sehr leckere Kombination etabliert. Ergänzt man dieses Duo mit Salzbrezeln, erhält das Ganze eine ganz neue süß-salzige Komponente. Sie können mit zerbrochenen Salzbrezeln oder Brezelkrümeln aus der Tüte arbeiten oder die Brezeln kurz im Blitzhacker zerkleinern.

ERGIBT 12 TRÜFFEL

185 G	ZARTBITTERSCHOKOLADE (ALTERNATIV SCHOKOLADENCHIPS)
2 EL	KOKOSÖL
125 G	FEINES ERDNUSSMUS (OHNE STÜCKCHEN)
1 EL	PUDERZUCKER
45 G	SALZBREZELN

Schokolade und Kokosöl in einer hitzebeständigen Schüssel gut verrühren. Etwas Wasser in einem kleinen Topf zum Köcheln bringen und die Schüssel daraufsetzen. Das Wasser darf dabei den Boden der Schüssel nicht berühren. Die Schokolade unter gelegentlichem Rühren schmelzen, dann vom Herd nehmen.

Zwei Drittel der Schokolade gleichmäßig auf 12 Fächer einer Silikon-Eiswürfelform aufteilen (etwa 2 TL pro Fach). Die Form schwenken, bis alle 4 Seitenflächen mit Schokolade überzogen sind. Noch 3–4-mal wiederholen, damit eine gleichmäßige Schicht entsteht. Dann die Form 10 Minuten im Gefrierfach kalt stellen. Restliche Schokolade aufbewahren.

Mit einem Silikonspatel das Erdnussmus und den Puderzucker in einer mittelgroßen Schüssel gut verrühren. Die Brezeln fein mahlen und in das Mus einrühren, bis eine dicke Masse entsteht.

Die Eiswürfelform aus dem Gefrierfach holen. Je etwa 1 EL der Füllung in ein mit Schokolade überzogenes Fach füllen und vorsichtig mit den Fingern flach drücken. Für die anderen Fächer wiederholen.

Die restliche Schokolade mit dem Löffel gleichmäßig über der Brezelfüllung verteilen. Weitere 30 Minuten im Gefrierschrank kühlen, bis die Trüffel fest sind.

Bis zum Servieren im Kühlschrank aufbewahren.

Jelly-Würfel

Dank dieser kreativen, aber einfachen Jelly-Rezepte können Sie in Zukunft getrost auf die künstlich schmeckende Variante aus dem Supermarkt verzichten. Die köstlich erfrischenden Gelee-Würfel lassen sich mit gutem Gewissen servieren, da sie weniger Zucker und mehr echte Zutaten, wie Früchte und Kräuter, als die gekauften enthalten. Bei diesen Rezepten muss man die Gelatine quellen lassen, indem man sie mit etwas Flüssigkeit verrührt. So kann sie sich beim Erhitzen gleichmäßig auflösen und ergibt ein herrlich glattes Jelly.

Arnold-Palmer-Jelly

Arnold Palmer ist ein sehr beliebtes klassisches Erfrischungsgetränk aus den USA. Mit diesen Jellys erhält der Eistee-Limonaden-Drink eine feste Form und ist so das perfekte Dessert nach einem leichten Sommer-Lunch.

ERGIBT 12 JELLY-WÜRFEL

1 EL	GELATINE
375 ML	LIMONADE (WENN MÖGLICH SELBST GEMACHT)
125 G	ZUCKER
1 TEEBEUTEL	SCHWARZTEE

Die Gelatine in einer kleinen Schüssel mit 60 ml Limonade verrühren und quellen lassen.

Inzwischen die restliche Limonade mit dem Zucker in einen kleinen Topf geben, zum Kochen bringen, den Teebeutel hineingeben und vom Herd nehmen. Den Tee 3 Minuten ziehen lassen. Dann den Teebeutel entfernen und die gequollene Gelatine einrühren, bis sie sich vollständig aufgelöst hat. Die Flüssigkeit durch ein feinmaschiges Sieb in einen Messbecher oder ein ähnliches Gefäß mit Ausgießer umfüllen und gleichmäßig auf die 12 Fächer einer Silikon-Eiswürfelform aufteilen.

Anschließend mindestens 4 Stunden im Kühlschrank kalt stellen.

Damit sich die Jelly-Würfel leichter aus der Form lösen lassen, kurz vor dem Verzehr den Boden für 10 Sekunden in eine Schüssel mit heißem Wasser tauchen.

Die Jelly-Würfel bis zum Verzehr im Kühlschrank aufbewahren.

Grapefruit-Rosmarin-Jelly

Diese fruchtige Jelly-Version, die auch Kinder lieben werden, ist ein gutes Beispiel dafür wie einfach es ist, Jellys mit frischen Kräutern zu aromatisieren. Sie können hier auch gekauften Grapefruitsaft verwenden. Doch wenn Sie die Zeit haben frischen Saft zu pressen, schmecken die Jellys noch um einiges besser.

ERGIBT 12 JELLY-WÜRFEL

1 EL	GELATINE
375 ML	GRAPEFRUITSAFT
2 EL	ZUCKER
1 ZWEIG	ROSMARIN

Die Gelatine in einer kleinen Schüssel mit 60 ml Grapefruitsaft verrühren und quellen lassen.

Inzwischen den restlichen Saft mit dem Zucker und dem Rosmarin in einen kleinen Topf geben und auf mittlerer Stufe 1–2 Minuten erhitzen, bis sich der Zucker aufgelöst hat. Anschließend vom Herd nehmen, die Saftmischung 5 Minuten ziehen lassen und dann den Rosmarinzweig entfernen.

Die gequollene Gelatine in die warme Flüssigkeit einrühren, bis sie sich vollständig aufgelöst hat.

Die Mischung durch ein feinmaschiges Sieb in einen Messbecher oder ein ähnliches Gefäß mit Ausgießer umfüllen und gleichmäßig auf 12 Fächer einer Silikon-Eiswürfelform aufteilen. Anschließend mindestens 4 Stunden im Kühlschrank kalt stellen.

Damit sich die Jelly-Würfel leichter aus der Form lösen lassen, kurz vor dem Verzehr den Boden für 10 Sekunden in eine Schüssel oder ein Gefäß mit heißem Wasser tauchen.

Die Jelly-Würfel bis zum Verzehr im Kühlschrank aufbewahren.

Piña-Colada-Jelly

Diese alkoholfreien Jelly-Würfel werden mit ihrer unglaublich klassischen Geschmackskombination wirklich alle beeindrucken, die sie probieren. Sie schmecken köstlich und sehen aufgrund der Schicht, die sich beim Absetzen der Kokosmilch bildet, noch dazu äußerst ansprechend aus.

ERGIBT 12 JELLY-WÜRFEL

1 EL	GELATINE
375 ML	ANANASSAFT
3 EL	ZUCKER
125 ML	KOKOSMILCH (DOSE)

Die Gelatine in einer Schüssel mit 3 EL Ananassaft verrühren und quellen lassen.

Inzwischen den restlichen Saft mit dem Zucker und der Kokosmilch in einen kleinen Topf geben und auf mittlerer Stufe 1–2 Minuten erhitzen, bis es zu dampfen beginnt und der Zucker sich aufgelöst hat. Die Mischung dabei nicht aufkochen lassen.

Den Topf vom Herd nehmen und die gequollene Gelatine einrühren, bis sie sich vollständig aufgelöst hat.

Die Flüssigkeit durch ein feinmaschiges Sieb in einen Messbecher oder ein ähnliches Gefäß mit Ausgießer umfüllen und gleichmäßig auf 12 Fächer einer Silikon-Eiswürfelform aufteilen.

Anschließend mindestens 4 Stunden im Kühlschrank kalt stellen.

Damit sich die Jelly-Würfel leichter aus der Form lösen lassen, kurz vor dem Verzehr den Boden für 10 Sekunden in ein Gefäß mit heißem Wasser tauchen.

Die Jellys bis zum Verzehr im Kühlschrank aufbewahren.

Orangencreme-Jelly

Dieses Rezept verwandelt zwei scheinbar langweilige Zutaten – Orangensaft und Crème double – in ein traumhaftes Dessert. Die leichte Vanillenote verleiht ihm zusätzlich einen herrlich süßlich würzigen Geschmack.

ERGIBT 12 JELLY-WÜRFEL

FÜR DIE ORANGENSCHICHT:

2 TL	GELATINE
375 ML	ORANGENSAFT
1 EL	ZUCKER
¼ TL	VANILLEEXTRAKT

FÜR DIE CREMESCHICHT:

1 TL	GELATINE
120 G	CRÈME DOUBLE (ALTERNATIV MASCARPONE)
1 EL	ZUCKER

Für die Orangenschicht:
Die Gelatine in einer Schüssel mit 60 ml Saft verrühren und quellen lassen.

Den restlichen Saft mit Zucker und Vanilleextrakt in einen Topf geben und auf mittlerer Stufe 1–2 Minuten erhitzen, bis sich der Zucker aufgelöst hat. Vom Herd nehmen und die Gelatine einrühren, bis sie sich vollständig aufgelöst hat.

Die Masse durch ein feinmaschiges Sieb in ein Gefäß mit Ausgießer umfüllen und gleichmäßig auf 12 Fächer einer Silikon-Eiswürfelform aufteilen. Im Kühlschrank bis zur Verwendung kalt stellen.

Für die Cremeschicht:
Die Gelatine in einer Schüssel mit 2 EL kaltem Wasser verrühren und quellen lassen.

Crème double und Zucker in einen Topf geben und auf mittlerer Stufe 1–2 Minuten erhitzen, bis es zu dampfen beginnt und der Zucker sich aufgelöst hat. Die Mischung dabei nicht aufkochen lassen. Vom Herd nehmen und die Gelatine einrühren, bis sie sich vollständig aufgelöst hat. Die Masse durch ein feinmaschiges Sieb in ein Gefäß mit Ausgießer umfüllen und auskühlen lassen.

Die Creme gleichmäßig in die 12 mit Orangenjelly gefüllten Fächer gießen und mindestens 4 Stunden im Kühlschrank kalt stellen.

Damit sich die Jellys leichter aus der Form lösen lassen, kurz vor dem Verzehr den Boden für 10 Sekunden in ein Gefäß mit heißem Wasser tauchen.

Die Jellys bis zum Verzehr im Kühlschrank aufbewahren.

Erdbeer-Jelly

Mit frischen Erdbeeren können Sie in diese köstliche Leckerei wunderbar eine Extraportion Obst hineinschmuggeln. Die Zitronenschale verleiht den Würfeln ein frisches Zitrusaroma und lässt sie nicht zu süß werden. Sie können hier auch Erdbeeren verwenden, die nicht mehr so schön sind.

ERGIBT 12 JELLY-WÜRFEL

1 EL	GELATINE
250 G	ERDBEEREN
1	BIO-ZITRONE
55 G	ZUCKER

Die Gelatine in einer kleinen Schüssel mit 60 ml Wasser verrühren und 3 Minuten quellen lassen.

Inzwischen die Erdbeeren waschen, entstielen und klein schneiden. Die Zitrone heiß abwaschen, die Schale abreiben und den Saft auspressen. Die Erdbeeren mit der Schale und dem Saft der Zitrone sowie dem Zucker im Mixer zu einer glatten Masse pürieren. Das Fruchtpüree in einen kleinen Topf geben und auf mittlerer Stufe erhitzen, bis sich der Zucker aufgelöst hat.

Den Topf vom Herd nehmen und die Gelatine einrühren, bis sie sich vollständig aufgelöst hat. Die Masse durch ein feinmaschiges Sieb in einen Messbecher oder ein ähnliches Gefäß mit Ausgießer umfüllen und gleichmäßig auf 12 Fächer einer Silikon-Eiswürfelform aufteilen.

Anschließend mindestens 4 Stunden im Kühlschrank kalt stellen.

Damit sich die Jelly-Würfel leichter aus der Form lösen lassen, kurz vor dem Verzehr den Boden für 10 Sekunden in ein Gefäß mit heißem Wasser tauchen.

Die Jellys bis zum Verzehr im Kühlschrank aufbewahren.

Erdbeer-Jelly

Froyo-Pops

Ihr sommerliches Frühstück lässt sich in köstliche Frozen-Yogurt-Pops verwandeln! Gesunder Joghurt wird für diese Mini-Pops mit Ahornsirup, Tahin oder frischen Früchten kombiniert. Jede Art von Joghurt ist erlaubt, doch je höher der Fettgehalt, desto cremiger werden die Froyo-Pops. Ein Leckerbissen, der im Handumdrehen fertig ist und den man ohne schlechtes Gewissen genießen kann.

Knusprige Parfait-Pops

Diese süßen kleinen Eis-Pops haben alles, was ein Joghurt-Parfait braucht, und lassen sich perfekt für ein Sommerfrühstück oder das ganze Jahr über als Snack für zwischendurch vorbereiten. Die Früchte können, je nach Saison, variieren, und wenn Sie dazu noch verschiedene Granolas verwenden, wird es eines Ihrer Lieblingsrezepte werden.

ERGIBT 12 FROYO-POPS

1 TL	KOKOSÖL
55 G	GRANOLA (FERTIGPRODUKT)
250 G	JOGHURT
125 G	GEMISCHTE BEEREN (HIMBEEREN, BLAUBEEREN, ZERKLEINERTE ERDBEEREN)
1 EL	AHORNSIRUP (ALTERNATIV HONIG)
12	LUTSCHERSTIELE

Das Kokosöl schmelzen, mit dem Granola in einer kleinen Schüssel verrühren und beiseitestellen.

Den Joghurt gemeinsam mit den Beeren und dem Ahornsirup in eine mittelgroße Schüssel geben und gut vermischen. Die Masse in einen Messbecher oder ein ähnliches Gefäß mit Ausgießer umfüllen und gleichmäßig auf 12 Fächer einer Silikon-Eiswürfelform aufteilen.

Das Granola leicht zerkrümeln und über die Beeren-Joghurt-Masse streuen. Anschließend mit der Rückseite eines Löffels behutsam in die Creme drücken.

Im Gefrierfach 3 Stunden kalt stellen, bis die Froyo-Pops halb gefroren sind.

In die Mitte der Würfel jeweils einen Lutscherstiel stecken und wieder zurück in das Gefrierfach stellen.

Die Froyo-Pops weitere 4–5 Stunden kühlen, bis sie vollständig gefroren sind.

Knusprige Parfait-Pops

Froyo-Pops
mit Schoko-Mandel-Swirl

Diese Froyo-Pops sind etwas üppiger als die knusprigen Parfait-Pops (Seite 41), können aber noch immer mit gesunden Zutaten wie Joghurt, Ahornsirup und Mandelmus punkten. Rühren Sie die Schokolade und das Mandelmus nur ein- bis zweimal kurz unter den Joghurt, damit Sie am Ende einen tollen Marmoreffekt erhalten.

ERGIBT 12 FROYO-POPS

30 G	ZARTBITTERSCHOKOLADE (ALTERNATIV SCHOKOLADENCHIPS)
1 EL	KOKOSÖL
310 G	JOGHURT
1 EL	AHORNSIRUP
2 EL	MANDELMUS
12	LUTSCHERSTIELE

Die Schokolade hacken und mit dem Kokosöl in eine hitzebeständige Schüssel geben. Etwas Wasser in einem Topf zum Köcheln bringen und die Schüssel daraufsetzen. Das Wasser darf dabei den Boden der Schüssel nicht berühren. Die Schokolade unter gelegentlichem Rühren schmelzen, dann beiseitestellen.

Sie können die Schokolade auch in 10-Sekunden-Intervallen in der Mikrowelle schmelzen und dazwischen immer wieder umrühren.

Joghurt und Ahornsirup in einem großen Messbecher oder einem ähnlichen Gefäß mit Ausgießer verrühren. Das Mandelmus und die Schokolade zur Masse geben und mit einem Silikonspatel spiralförmig unter den Joghurt rühren. Dabei nur so viel rühren, dass der Marmoreffekt gut sichtbar ist.

Die Masse gleichmäßig auf 12 Fächer einer Silikon-Eiswürfelform aufteilen.

Im Gefrierfach 3 Stunden kalt stellen, bis die Froyo-Pops halb gefroren sind.

Dann in die Mitte der Würfel jeweils einen Lutscherstiel stecken und wieder zurück in das Gefrierfach stellen.

Die Froyo-Pops weitere 4–5 Stunden kühlen, bis sie vollständig gefroren sind.

Gewürz-Pops mit Ahornsirup

Dieses Rezept schmeckt wie Weihnachten am Stiel. Hier werden alle weihnachtlichen Gewürze wie Zimt, Ingwer und Muskat hineingepackt. Deshalb ist es auch vollkommen in Ordnung, diese gefrorenen Leckereien im Winter zu genießen. Gönnen Sie sich hier hochwertigen Ahornsirup, Grad AA oder A, wenn Sie ihn bekommen können. Er bringt die Aromen in diesem 5-Zutaten-Rezept noch besser zur Geltung.

ERGIBT 12 FROYO-POPS

375 G	JOGHURT
85 G	AHORNSIRUP
½ TL	GEMAHLENER ZIMT
¼ TL	GEMAHLENER INGWER
⅛ TL	GEMAHLENE MUSKATNUSS
12	LUTSCHERSTIELE

Den Joghurt mit dem Sirup und den Gewürzen in einen Messbecher oder ein ähnliches Gefäß mit Ausgießer füllen und gut verrühren.

Anschließend die Masse gleichmäßig auf 12 Fächer einer Silikon-Eiswürfelform aufteilen. Im Gefrierfach 3 Stunden kalt stellen, bis die Froyo-Pops halb gefroren sind.

Dann in die Mitte der Würfel jeweils einen Lutscherstiel stecken und wieder in das Gefrierfach stellen.

Die Froyo-Pops weitere 4–5 Stunden kühlen, bis sie vollständig gefroren sind.

Mango-Lassi-Froyo-Pops

Bei diesem klassischen Getränk aus Indien wird kühler Joghurt mit frischer Mango kombiniert. Kein Wunder, dass aus den gleichen Zutaten köstlich cremige Froyo-Pops entstehen. Mit Kardamom erhält dieses Rezept mehr Pep und Honig sorgt für zusätzliche Süße.

ERGIBT 12 FROYO-POPS

250 G	JOGHURT
185 G	FRISCHE MANGO (ALTERNATIV AUFGETAUTE TK-MANGO)
1 EL	HONIG
⅛ TL	GEMAHLENER KARDAMOM (NACH BELIEBEN)
12	LUTSCHERSTIELE

Alle Zutaten in einen Standmixer geben und zu einer glatten Masse pürieren.

Die Masse in einen Messbecher oder ein ähnliches Gefäß mit Ausgießer füllen und dann gleichmäßig auf 12 Fächer einer Silikon-Eiswürfelform aufteilen. Im Gefrierfach 3 Stunden kalt stellen, bis die Froyo-Pops halb gefroren sind.

Dann in die Mitte der Würfel jeweils einen Lutscherstiel stecken und wieder in das Gefrierfach stellen.

Die Froyo-Pops weitere 4–5 Stunden kühlen, bis sie vollständig gefroren sind.

Eis-Pops

Eis-Pops laden förmlich zum Experimentieren mit verschiedenen Geschmackskombinationen ein. Die Rezepte sind vollgepackt mit Zutaten wie Chai, frischen Pfirsichen und Limetten. Diese Würfel sind viel kleiner als ein herkömmliches Eis am Stiel – eine ideale Größe also für Kinder oder für Erwachsene, die es beim Naschen nicht übertreiben möchten.

Vietnamesische Eiskaffee-Pops

Traditioneller vietnamesischer Eiskaffee ist ein süßes, reichhaltiges und sehr cremiges Getränk und wird mit gesüßter Kondensmilch gemacht. Hier konzentrieren wir all diese Aromen und lassen unglaublich geschmacksgeladene Eis-Pops entstehen. Gießt man auf die Würfel eine zweite Schicht Sahne, ergibt das eine tolle Optik. Wenn Sie jedoch nicht warten möchten, bis die erste Schicht gefroren ist, vermischen Sie einfach alle Zutaten und füllen Sie sie anschließend direkt in die Eiswürfelform.

ERGIBT 12 EIS-POPS

250 G	SAHNE
125 ML	GESÜSSTE KONDENSMILCH
60 ML	STARKER KAFFEE (ALTERNATIV 1 TL INSTANT-ESPRESSO MIT 60 ML WASSER VERRÜHREN)
¼ TL	GEMAHLENER ZIMT
⅛ TL	GEMAHLENER KARDAMOM
⅛ TL	VANILLEEXTRAKT
12	LUTSCHERSTIELE

In einer Schüssel 60 g Sahne mit 2 EL Kondensmilch verrühren und beiseitestellen.

Die restliche Sahne in einer mittelgroßen Schüssel mit der restlichen Kondensmilch, dem Kaffee, dem Zimt, dem Kardamom und dem Vanilleextrakt gut verrühren und dann gleichmäßig auf 12 Fächer einer Silikon-Eiswürfelform aufteilen.

Im Gefrierfach 3 Stunden kalt stellen, bis die Eis-Pops halb gefroren sind.

Dann die vorbereitete Sahne-Kondensmilch-Mischung gleichmäßig auf die 12 Eis-Pops aufteilen.

In die Mitte der Würfel jeweils einen Lutscherstiel stecken und wieder in das Gefrierfach stellen.

Die Eis-Pops etwa 5 Stunden oder über Nacht vollständig gefrieren lassen.

Pfirsich-Himbeer-Eis-Pops

Nimmt man frische Pfirsiche und Himbeeren und fügt einen Hauch Süße hinzu, bekommt man herrlich fruchtige Eis-Pops. Dieses Rezept eignet sich besonders für die warmen Sommermonate, wenn Pfirsiche und Himbeeren ihr volles Aroma entfalten.

ERGIBT 12 EIS-POPS

FÜR DIE PFIRSICHSCHICHT:

185 G	FRISCHE PFIRSICHE (ALTERNATIV AUFGETAUTE TK-PFIRSICHE)
1 EL	ZUCKER

FÜR DIE HIMBEERSCHICHT:

60 G	HIMBEEREN
1 EL	ZUCKER
12	LUTSCHERSTIELE

Für die Pfirsichschicht:
Die Pfirsiche mit dem Zucker und 80 ml Wasser in einen Standmixer geben und zu einer glatten Masse pürieren.

Die Masse gleichmäßig auf 12 Fächer einer Silikon-Eiswürfelform aufteilen und noch Platz für die Himbeerschicht lassen.

Im Gefrierfach 3 Stunden kalt stellen, bis die Eis-Pops halb gefroren sind.

Für die Himbeerschicht:
Den Mixer reinigen, dann die Beeren, mit dem Zucker und 2 EL Wasser zu einer glatten Masse pürieren.

Die Eiswürfelform aus dem Gefrierfach holen. Das Himbeerpüree gleichmäßig auf die 12 Eis-Pops aufteilen, in die Mitte der Würfel jeweils einen Lutscherstiel stecken und wieder in das Gefrierfach stellen.

Die Eis-Pops etwa 5 Stunden oder über Nacht vollständig gefrieren lassen.

Kokos-Chai-Eis-Pops

Obwohl diese kleinen Leckerbissen ohne Milchprodukte auskommen, schmecken sie, wenn Sie Vollfett-Kokosmilch verwenden, genauso cremig und aromatisch. Chai-Tee ist eine Mischung aus schwarzem Tee und Gewürzen wie Zimt, Nelken, Ingwer und Kardamom. Aromen, die uns an Reisen in ferne Länder erinnern.

ERGIBT 12 EIS-POPS

400 ML	KOKOSMILCH (VOLLFETT, DOSE)
2 BEUTEL	CHAI-TEE
2 EL	AHORNSIRUP (ALTERNATIV HONIG)
12	LUTSCHERSTIELE

Die Kokosmilch in einem kleinen Topf zum Köcheln bringen. Die Teebeutel und den Ahornsirup hinzufügen, den Topf vom Herd nehmen und die Mischung 4 Minuten ziehen lassen. Dann die Teebeutel entfernen und die Masse gleichmäßig auf 12 Fächer einer Silikon-Eiswürfelform aufteilen.

Im Gefrierfach 3 Stunden kalt stellen, bis die Eis-Pops halb gefroren sind.

In die Mitte der Würfel jeweils einen Lutscherstiel stecken und wieder in das Gefrierfach stellen.

Die Eis-Pops etwa 5 Stunden oder über Nacht vollständig gefrieren lassen.

Key-Lime-Pie-Eis-Pops

Es gibt kaum etwas, das besser schmeckt als ein herrlich üppiger Key Lime Pie. In diesen Eis-Pops werden der gleiche säuerliche Geschmack und die süße Butterkekskruste erfolgreich vereint. Wenn Sie die Sorte Echte Limetten bekommen können, toll! Gewöhnliche Limetten funktionieren hier aber auch ganz wunderbar und das Auspressen ist um einiges einfacher.

ERGIBT 12 EIS-POPS

6–8	BIO-LIMETTEN (ALTERNATIV 2 ECHTE LIMETTEN)
125 ML	GESÜSSTE KONDENSMILCH
250 G	SAHNE
¼ TL	VANILLEEXTRAKT
1 PRISE	MEERSALZ
12	LUTSCHERSTIELE
45 G	BUTTERKEKSE

Die Limetten heiß abwaschen, die Schale abreiben und die Limetten auspressen (ergibt etwa 125 ml).

Die Kondensmilch mit Sahne, Limettensaft und -schale, Vanilleextrakt und Salz in einer mittelgroßen Schüssel verrühren, dann gleichmäßig auf 12 Fächer einer Silikon-Eiswürfelform aufteilen.

Im Gefrierfach 3 Stunden kalt stellen, bis die Eis-Pops halb gefroren sind.

Dann in die Mitte der Würfel jeweils einen Lutscherstiel stecken und wieder in das Gefrierfach stellen.

Die Eis-Pops etwa 5 Stunden oder über Nacht vollständig gefrieren lassen.

Die Butterkekse zerkrümeln und auf einen Teller geben. Kurz vor dem Servieren den Boden der Eiswürfelform für 10 Sekunden in eine Schüssel mit heißem Wasser tauchen, damit sie sich leichter aus der Form lösen lassen.

Die Eis-Pops herausziehen, in den Butterkekskrümeln wälzen und servieren.

Key-Lime-Pie-Eis-Pops

Cheesecake-Häppchen

Wäre es nicht herrlich, immer ein paar Mini-Cheesecakes parat zu haben, wenn der süße Zahn sich meldet? Oder seinen Gästen nach einem Abendessen kleine Cheesecake-Häppchen anbieten zu können? Diese No-bake-Variante wird im Gefrierfach fest und muss vor dem Servieren nur zehn Minuten bei Raumtemperatur ruhen, um ihre ganze Cremigkeit zu entfalten.

Und das Beste daran? Im Gefrierfach halten sie sich mehrere Wochen. Sie werden garantiert keine anderen Cheesecakes mehr backen wollen.

Mango-Ingwer-Cheesecake

Mit seinen tropischen Geschmacksnoten verspeist man diesen Cheesecake am besten in der Hängematte, unter einer Palme oder einfach bei einem Picknick. Mango und Ingwer sind eine unterschätzte Kombination und der Ingwer in den Keksen nimmt der Mango gerade so viel von ihrer Süße wie nötig.

ERGIBT 12 STÜCK

1 TL	GELATINE
185 G	FRISCHE MANGO (ALTERNATIV AUFGETAUTE TK-MANGO)
2 EL	ZUCKER
250 G	FRISCHKÄSE (RAUMTEMPERATUR)
45 G	INGWERKEKSE
2 EL	BUTTER (ZERLASSEN)

Die Gelatine in einer Schüssel mit 2 EL kaltem Wasser verrühren und quellen lassen.

Mango und Zucker in den Standmixer geben und zu einer glatten Masse pürieren (ergibt etwa 210 g). Das Mangopüree in einen Topf geben und auf mittlerer Stufe erhitzen, bis sich der Zucker aufgelöst hat. Dann den Topf vom Herd nehmen, die gequollene Gelatine einrühren und die Masse 5 Minuten leicht abkühlen lassen.

Den Frischkäse in die Küchenmaschine geben und mit dem Schneebesen glatt rühren. Das Mangopüree hinzufügen und gut untermengen.

Die Masse gleichmäßig auf 12 Fächer einer Silikon-Eiswürfelform aufteilen. Dabei nicht ganz voll füllen, sondern etwa 3 mm für die Kruste frei lassen. Im Gefrierfach kalt stellen. Währenddessen die Kekskruste zubereiten.

Die Ingwerkekse fein zerkrümeln und mit der Butter in einer kleinen Schüssel verrühren, bis die Masse wie feuchter Sand aussieht.

Die Ingwerkeksmasse auf die Cheesecake-Würfel verteilen und die Kruste mit der Rückseite eines Löffels gleichmäßig andrücken.

Mindestens 5 Stunden oder über Nacht im Gefrierfach kalt stellen. Vor dem Servieren aus der Form lösen und 10 Minuten ruhen lassen, bis sie Raumtemperatur angenommen haben.

Himbeer-Vanille-Cheesecake

Hier kommt der Inbegriff eines Cheesecakes: eine Kruste aus Butterkeksen mit einer dicken Schicht Vanillecreme und einem Himbeer-Topping. Die Himbeerkonfitüre verleiht der cremigen Fülle eine köstliche Säure. Man kann hier aber wirklich jede beliebige Konfitüre oder Marmelade verwenden.

ERGIBT 12 STÜCK

1 TL	GELATINE
210 ML	GESÜSSTE KONDENSMILCH
250 G	FRISCHKÄSE (RAUMTEMPERATUR)
½ TL	VANILLEEXTRAKT
75 G	HIMBEERKONFITÜRE
45 G	BUTTERKEKSE
2 EL	BUTTER (ZERLASSEN)
1 EL	ZUCKER

Die Gelatine in einer Schüssel mit 2 EL kaltem Wasser verrühren und quellen lassen.

Die Kondensmilch in einem Topf auf mittlerer Stufe erhitzen, bis sich Bläschen bilden (nicht aufkochen!). Dann den Topf vom Herd nehmen, die gequollene Gelatine einrühren und die Masse 5 Minuten leicht abkühlen lassen.

Den Frischkäse und den Vanilleextrakt in die Küchenmaschine geben und mit dem Schneebesen glatt rühren. Die Kondensmilch hinzufügen und alles gut vermengen.

Die Konfitüre mit einem Silikonspatel 1–2-mal vorsichtig unter die Masse ziehen, bis eine Marmorierung entsteht. Auf 12 Fächer einer Silikon-Eiswürfelform aufteilen. Dabei etwa 3 mm frei lassen. Im Gefrierfach kalt stellen.

Währenddessen die Kekse zerkrümeln, mit Butter und Zucker in einer Schüssel zu feuchtem Sand verrühren. Die Masse auf die Cheesecake-Würfel verteilen und gleichmäßig andrücken. Mindestens 5 Stunden oder über Nacht im Gefrierfach kalt stellen. Die Würfel vor dem Servieren aus der Form lösen und 10 Minuten ruhen lassen, bis sie Raumtemperatur angenommen haben.

Blaubeer-Cheesecake mit Ziegenkäse

Dieses raffinierte Cheesecake-Rezept verlangt nach einem volleren Geschmack, der sich aus einer Mischung aus Frisch- und Ziegenkäse ergibt. Die Kruste aus Spekulatius verleiht dem Ganzen ein herrlich zimtiges Aroma. Diese Häppchen eignen sich hervorragend als Abschluss für ein Dinner.

ERGIBT 12 STÜCK

1	BIO-ZITRONE
250 G	FRISCHKÄSE (RAUMTEMPERATUR)
150 G	ZIEGENFRISCHKÄSE (RAUMTEMPERATUR)
2 EL	PUDERZUCKER
75 G	BLAUBEERKONFITÜRE
45 G	SPEKULATIUS
2 EL	BUTTER (ZERLASSEN)

Die Zitrone heiß abwaschen, die Schale abreiben und den Saft auspressen. Den Frischkäse mit Ziegenfrischkäse, Puderzucker sowie Zitronensaft und -schale in die Küchenmaschine geben und mit dem Schneebesen glatt rühren.

Die Masse gleichmäßig auf 12 Fächer einer Silikon-Eiswürfelform aufteilen. Etwas Blaubeerkonfitüre (etwa 1 TL) in jedes Fach füllen und mit einem Messer leicht unter die Frischkäsemasse ziehen. Dabei etwa 3 mm für die Kruste frei lassen.

Die Spekulatiuskekse fein zerkrümeln, mit der zerlassenen Butter in eine kleine Schüssel geben und verrühren, bis die Masse wie feuchter Sand aussieht. Die Keksmasse auf die Cheesecake-Würfel verteilen und die Kruste mit der Rückseite eines Löffels andrücken, damit die Oberfläche schön gleichmäßig wird.

Anschließend mindestens 4 Stunden oder über Nacht im Gefrierfach kalt stellen.

Die Cheesecake-Würfel vor dem Servieren aus der Form lösen und 10 Minuten ruhen lassen, bis sie Raumtemperatur angenommen haben.

Mokka-Cheesecake

Dieses köstliche Dessert für Kaffeeliebhaber ist ein herrlicher Muntermacher am Nachmittag. Instant-Espressopulver wird beim Backen oft verwendet, um Süßspeisen ein kräftiges Kaffeearoma zu verleihen. Es harmoniert wunderbar mit der leichten Säure des Cheesecakes.

ERGIBT 12 STÜCK

1 TL	GELATINE
210 ML	GESÜSSTE KONDENSMILCH
2 TL	BACKKAKAO
1 TL	INSTANT-ESPRESSOPULVER
250 G	FRISCHKÄSE (RAUMTEMPERATUR)
45 G	SCHOKOKEKSE (OHNE GLASUR)
2 EL	BUTTER (ZERLASSEN)
1 EL	ZUCKER

Die Gelatine in einer Schüssel mit 2 EL kaltem Wasser verrühren und quellen lassen.

Kondensmilch, Backkakao und Espressopulver in einem kleinen Topf auf mittlerer Stufe erhitzen, bis sich Bläschen bilden (nicht aufkochen!). Den Topf vom Herd nehmen, die gequollene Gelatine einrühren und die Masse 5 Minuten leicht abkühlen lassen.

Den Frischkäse in die Küchenmaschine geben und mit dem Schneebesen glatt rühren. Die Kondensmilchmischung hinzufügen und alles gut verrühren.

Die Masse gleichmäßig auf 12 Fächer einer Silikon-Eiswürfelform aufteilen. Dabei etwa 3 mm für die Kruste frei lassen. Im Gefrierfach kalt stellen. Währenddessen die Schokokekse zerkrümeln, mit Butter und Zucker in einer Schüssel zu feuchtem Sand verrühren. Die Keksmasse auf die Cheesecake-Würfel verteilen und gleichmäßig andrücken.

Mindestens 5 Stunden oder über Nacht im Gefrierfach kalt stellen. Die Würfel vor dem Servieren aus der Form lösen und 10 Minuten ruhen lassen, bis sie Raumtemperatur angenommen haben.

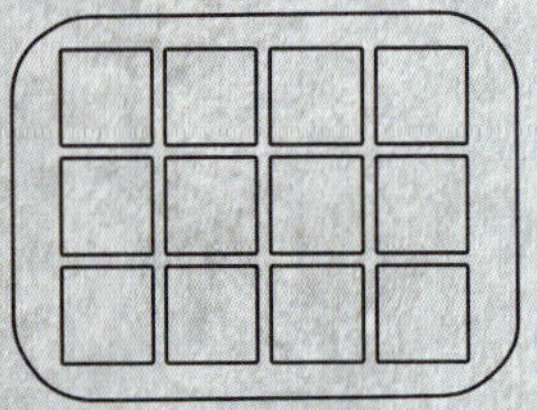

Pannacotta

Pannacotta bedeutet wörtlich übersetzt „gekochte Sahne“ und ist ein unglaublich einfaches italienisches No-bake-Dessert.

Silikon-Eiswürfelformen eignen sich perfekt zum Kühlen dieser delikaten Köstlichkeiten, da sich die Pannacotta durch die Antihaftbeschichtung leicht herauslösen lässt, ohne ihre Form zu verlieren. Große Eiswürfelformen ergeben hier ideale Portionen. Im Kühlschrank kann man sie zugedeckt bis zu drei Tage aufbewahren.

Vanille-Pannacotta

Das ist das Pannacotta-Grundrezept, das die köstliche Basis für alle möglichen Toppings darstellt. Frische Beeren, Honig, geschmolzene Schokolade oder Mangostückchen passen sehr gut dazu. Es lohnt sich, frische Vanilleschoten zu verwenden, sie verleihen dem Dessert ein unvergleichliches Aroma.

ERGIBT 4 GROSSE WÜRFEL

2 ½ TL	GELATINE
½	VANILLESCHOTE (ALTERNATIV ½ TL VANILLE-EXTRAKT)
500 G	SAHNE (ALTERNATIV 250 ML VOLLMILCH UND 250 G CRÈME DOUBLE)
75 G	ZUCKER
	BEEREN ODER HONIG ZUM GARNIEREN

Die Gelatine in einer Schüssel mit 3 EL kaltem Wasser verrühren und quellen lassen. Die Schüssel beiseitestellen.

Inzwischen die Vanilleschote der Länge nach aufschneiden und das Mark mit einem Messer herauskratzen. Vanilleschote und -mark mit der Sahne und dem Zucker in einen kleinen Topf geben, zum Köcheln bringen, vom Herd nehmen und 5 Minuten ziehen lassen. Danach die Vanilleschote entfernen und die gequollene Gelatine einrühren, bis sie sich vollständig aufgelöst hat.

Die Masse durch ein feinmaschiges Sieb in einen Messbecher oder ein ähnliches Gefäß mit Ausgießer umfüllen und dann gleichmäßig auf 4 Fächer einer Silikon-Eiswürfelform aufteilen. Die Pannacotta im Kühlschrank mindestens 3–4 Stunden kalt stellen, bis sie fest, aber noch schön wackelig ist.

Vor dem Servieren den Boden der Form 10 Sekunden in eine Schüssel mit heißem Wasser tauchen, die Pannacotta-Würfel behutsam aus der Form lösen und auf einen Teller setzen.

Mit Beeren oder etwas Honig garnieren.

Pannacotta mit Salzkaramell

Sie kennen vielleicht Eiscreme oder Schokoriegel mit Salzkaramell. Man kann ihn zum Glück ganz leicht selbst machen. In diesem Rezept verleiht er der Pannacotta einen herrlichen Geschmack.

ERGIBT 4 GROSSE WÜRFEL

2 ½ TL	GELATINE
500 G	SAHNE (ALTERNATIV 250 ML VOLLMILCH UND 250 G CRÈME DOUBLE)
½ TL	VANILLEEXTRAKT
125 G	ZUCKER
¼ TL	MEERSALZFLOCKEN ZUM GARNIEREN
	KARAMELL-POPCORN (NACH BELIEBEN)

Die Gelatine in einer Schüssel mit 3 EL kaltem Wasser verrühren und quellen lassen. Dann beiseitestellen. Sahne und Vanilleextrakt in einen Messbecher füllen und beiseitestellen.

Den Zucker mit 1 EL Wasser in einen mittelgroßen(!) Topf geben, auf mittlerer Stufe erhitzen und nicht umrühren. Beginnt er zu schmelzen, den Topf schwenken, um den Zucker gleichmäßig zu verteilen. 2–3 Minuten köcheln lassen, bis der Zucker bernsteinfarben ist. Dann vom Herd nehmen.

Vorsichtig die Vanillesahne in den Karamell einrühren (Achtung, es blubbert!). Wenn der Karamell fest wird, einfach weiterrühren, bis er sich vollständig aufgelöst hat. Verbindet sich beides nicht, nochmals leicht erhitzen. Wenn die gesamte Sahne in den Karamell eingearbeitet ist, die Gelatine einrühren, bis sie sich vollständig aufgelöst hat.

Die Masse durch ein feinmaschiges Sieb in ein Gefäß mit Ausgießer umfüllen und gleichmäßig auf 4 Fächer einer Silikon-Eiswürfelform aufteilen. Im Kühlschrank 3–4 Stunden kalt stellen, bis die Pannacotta fest, aber noch wackelig ist.

Vor dem Servieren den Boden der Form 10 Sekunden in eine Schüssel mit heißem Wasser tauchen, die Würfel behutsam aus der Form lösen, mit Meersalz und Popcorn garnieren.

Grüntee-Pannacotta

Pinterest ist voll mit Matcha-Desserts und das aus gutem Grund. Der Tee verleiht der Pannacotta nicht nur eine schöne, leuchtend grüne Farbe, sondern auch jede Menge Aromen, die gut mit Obst harmonieren. Auf diese süße Art lässt sich der Matcha-Geschmack auch Kindern näherbringen.

ERGIBT 4 GROSSE WÜRFEL

2 ½ TL	GELATINE
500 G	SAHNE (ALTERNATIV 250 ML VOLLMILCH UND 250 G CRÈME DOUBLE)
2 TL	MATCHAPULVER
¼ TL	VANILLEEXTRAKT
90 G	ZUCKER
	ERDBEEREN ODER HIMBEEREN ZUM GARNIEREN

Die Gelatine in einer Schüssel mit 3 EL kaltem Wasser verrühren und quellen lassen. Die Schüssel beiseitestellen.

Inzwischen die Sahne, das Matchapulver, den Vanilleextrakt und den Zucker in einen kleinen Topf geben, zum Kochen bringen und dann vom Herd nehmen.

Anschließend die gequollene Gelatine in die Matcha-Sahne-Mischung einrühren, bis sie sich vollständig aufgelöst hat.

Die Masse durch ein feinmaschiges Sieb in einen Messbecher oder ein ähnliches Gefäß mit Ausgießer umfüllen und dann gleichmäßig auf 4 Fächer einer Silikon-Eiswürfelform aufteilen.

Im Kühlschrank mindestens 3–4 Stunden kalt stellen, bis die Pannacotta fest, aber noch wackelig ist.

Vor dem Servieren den Boden der Form 10 Sekunden in eine Schüssel mit heißem Wasser tauchen, die Pannacotta-Würfel behutsam aus der Form lösen und auf einen Teller setzen.

Zum Schluss mit Erdbeeren oder Himbeeren garnieren.

Kokos-Maracuja-Pannacotta

Obwohl dieses Pannacotta-Rezept das kniffligste in diesem Kapitel ist, lohnt sich der zusätzliche Aufwand allemal. Tischen Sie diese leuchtenden zweischichtigen Hingucker doch einfach anstelle eines Kokos-Maracuja-Kuchens auf.

ERGIBT 4 GROSSE WÜRFEL

FÜR DIE MARACUJASCHICHT:

½ TL	GELATINE
125 ML	MARACUJASAFT
2 TL	ZUCKER

FÜR DIE KOKOSSCHICHT:

2 TL	GELATINE
250 ML	KOKOSMILCH (DOSE)
250 G	CRÈME DOUBLE ODER MASCARPONE
90 G	ZUCKER

Für die Maracujaschicht:
Die Gelatine in einer Schüssel mit 1EL kaltem Wasser verrühren und quellen lassen.

Saft mit Zucker in einem Topf zum Kochen bringen, die Hitze reduzieren und 5 Minuten köcheln lassen, bis sich der Zucker aufgelöst hat und etwas Flüssigkeit verdampft ist.

Die Gelatine einrühren, bis sie sich ganz aufgelöst hat. Die Masse gleichmäßig auf 4 Fächer einer Silikon-Eiswürfelform aufteilen. Mindestens 3 Stunden im Kühlschrank kalt stellen.

Für die Kokosschicht:
Die Gelatine in einer Schüssel mit 3EL kaltem Wasser verrühren und quellen lassen.

Restliche Zutaten in einem Topf zum Köcheln bringen und rühren, bis sich der Zucker aufgelöst hat. Vom Herd nehmen und die Gelatine vollständig einrühren. Die Masse in ein Gefäß mit Ausgießer füllen und 30 Minuten auf Raumtemperatur abkühlen lassen. Dann vorsichtig auf die 4 Maracujawürfel aufteilen und im Kühlschrank 3–4 Stunden kalt stellen, bis die Pannacotta fest, aber noch wackelig ist.

Den Boden der Form kurz in eine Schüssel mit heißem Wasser tauchen, die Würfel behutsam herauslösen.

Buttermilch-Honig-Pannacotta

Die Buttermilch verleiht dieser Pannacotta eine herrliche Säure und ergibt, ergänzt durch die Süße des Honigs, ein mild-aromatisches Dessert, das alle begeistern wird. Versprochen!

ERGIBT 4 GROSSE WÜRFEL

2 ½ TL	GELATINE
250 ML	BUTTERMILCH
250 G	CRÈME DOUBLE ODER MASCARPONE
125 G	HONIG (PLUS ETWAS MEHR ZUM GARNIEREN)
½ TL	VANILLEEXTRAKT
	FRISCH GEMAHLENER SCHWARZER PFEFFER ZUM GARNIEREN (NACH BELIEBEN)

Die Gelatine in einer Schüssel mit der Buttermilch verrühren und quellen lassen. Dann beiseitestellen.

Inzwischen die Crème double, den Honig und den Vanilleextrakt in einen kleinen Topf geben, zum Kochen bringen und dann vom Herd nehmen.

Anschließend die Buttermilch mit der Gelatine einrühren, bis sie sich vollständig aufgelöst hat.

Die Masse durch ein feinmaschiges Sieb in einen Messbecher oder ein ähnliches Gefäß mit Ausgießer umfüllen und dann gleichmäßig auf 4 Fächer einer Silikon-Eiswürfelform aufteilen.

Im Kühlschrank mindestens 3–4 Stunden kalt stellen, bis die Pannacotta fest, aber noch wackelig ist.

Vor dem Servieren den Boden der Form 10 Sekunden in eine Schüssel mit heißem Wasser tauchen, die Pannacotta-Würfel behutsam aus der Form lösen und auf einen Teller setzen.

Mit ein bisschen Honig und nach Belieben etwas Pfeffer garnieren.

Eis-Sandwiches

Ein Eis-Sandwich vereint zwei der besten Leckereien, die es zu kaufen gibt, in einem einzigen Dessert: Eis und Kekse. Jede Eiscreme-Cookie-Kombi ist hier erlaubt. Probieren Sie also ruhig herum, bis Sie Ihren Favoriten gefunden haben. Sie können die süßen kleinen Würfel zusätzlich in zerkleinerten Nüssen, Streuseln oder Schokostückchen wälzen. Ihrer Fantasie sind hier keine Grenzen gesetzt. Diese Leckerbissen halten sich im Gefrierfach bis zu drei Monate.

Vanille-Butterkeks-Eis-Sandwiches

Mit nur fünf einfachen Zutaten und einer Silikon-Eiswürfelform zaubern Sie eine wahre Eisköstlichkeit, die nach viel mehr schmeckt als nach der Summe ihrer Bestandteile. Wenn Sie den Spaßfaktor noch erhöhen und diese klassische Kombi in bunte Streusel tunken, landen Sie damit sicher einen Geburtstagspartyhit!

ERGIBT 12 SANDWICHES

90 G	BUTTERKEKSE
2 EL	ZUCKER
4 EL	BUTTER (ZERLASSEN)
150 G	CREMIGES VANILLEEIS
40 G	BUNTE ZUCKERSTREUSEL ZUM GARNIEREN (NACH BELIEBEN)

Die Butterkekse fein zerkrümeln und mit dem Zucker und der zerlassenen Butter in einer kleinen Schüssel verrühren, bis die Masse wie feuchter Sand aussieht.

Jeweils 1 gehäuften TL Butterkekskrümel in 12 Fächer einer Silikon-Eiswürfelform füllen. Die Butterkeksmasse mit den Fingern auf dem Boden der Form festdrücken, bis dieser gleichmäßig bedeckt ist. Dann 5 Minuten im Gefrierfach kalt stellen.

Die Eiswürfelform aus dem Gefrierfach holen und das Vanilleeis gleichmäßig auf die 12 Fächer verteilen. Das Eis oben mit dem Löffel glatt streichen und dabei noch etwas Platz für die restliche Butterkeksmasse lassen. Dann 1 Stunde im Gefrierfach fest werden lassen.

Anschließend wieder aus dem Gefrierfach holen und jeweils 1 gehäuften TL der Butterkeksmasse auf die Eisschicht geben. Die Krümel mit den Fingern behutsam festdrücken, bis die Würfel gleichmäßig bedeckt sind.

Jetzt die Sandwiches weitere 2 Stunden im Gefrierfach kalt stellen und fest werden lassen.

Die Würfel aus der Form lösen und, wenn Sie möchten, Streusel auf einen Teller geben und die Eis-Sandwiches darin wälzen.

Vanille-Butterkeks-
Eis-Sandwiches

Ingwer-Grüntee-Eis-Sandwiches

Grüntee-Eis wird mittlerweile in vielen Supermärkten angeboten. Sollten Sie jedoch keines bekommen, nehmen Sie einfach eine andere Eissorte. Zu den Geschmacksrichtungen, die besonders gut mit den Ingwerkeksen harmonieren, zählen Erdbeer, Zitrone und Pfirsich.

ERGIBT 12 SANDWICHES

90 G	INGWERKEKSE
4 EL	BUTTER (ZERLASSEN; ALTERNATIV KOKOSÖL)
150 G	CREMIGES GRÜNTEE-EIS

Die Ingwerkekse fein zerkrümeln, mit der zerlassenen Butter in eine mittelgroße Schüssel geben und verrühren, bis die Masse wie feuchter Sand aussieht.

Jeweils 1 gehäuften TL Ingwerkekskrümel in 12 Fächer einer Silikon-Eiswürfelform füllen. Die Ingwerkeksmasse mit den Fingern auf dem Boden der Fächer festdrücken, bis dieser gleichmäßig bedeckt ist. Dann 5 Minuten im Gefrierfach kalt stellen.

Die Eiswürfelform aus dem Gefrierfach holen und das Eis gleichmäßig auf die 12 Fächer verteilen. Das Eis oben mit dem Löffel glatt streichen und dabei noch etwas Platz für die restliche Ingwerkeksmasse lassen. Dann 1 Stunde im Gefrierfach fest werden lassen.

Anschließend wieder aus dem Gefrierfach holen und jeweils 1 gehäuften TL der Keksmasse auf die Eisschicht geben. Die Krümel mit den Fingern behutsam festdrücken, bis die Würfel gleichmäßig bedeckt sind.

Die Sandwiches weitere 2 Stunden im Gefrierfach kalt stellen und fest werden lassen. Dann aus der Form lösen und servieren.

Erdnuss-Cookie-Eis-Sandwiches

Von allen Erdnuss-Schoko-Desserts in diesem Buch ist dieses hier vielleicht das beste und auch traditionellste. Um dieses Sandwich noch einen Tick zu verfeinern, können Sie die gerösteten Erdnüsse mit etwas Rohrohrzucker und Zimt vermischen.

ERGIBT 12 SANDWICHES

90 G	ERDNUSS-COOKIES
4 EL	BUTTER (ZERLASSEN; ALTERNATIV KOKOSÖL)
150 G	CREMIGES SCHOKOLADENEIS
75 G	GERÖSTETE, GESALZENE ERDNUSSKERNE

Die Erdnuss-Cookies fein zerkrümeln und mit der Butter in einer kleinen Schüssel verrühren, bis die Masse wie feuchter Sand aussieht.

Jeweils 1 gehäuften TL der Kekskrümel in 12 Fächer einer Silikon-Eiswürfelform füllen. Die Keksmasse mit den Fingern auf dem Boden der Fächer festdrücken, bis dieser gleichmäßig bedeckt ist. Dann 5 Minuten im Gefrierfach kalt stellen.

Das Eis gleichmäßig auf die 12 Fächer aufteilen und mit dem Löffel glatt streichen. Dabei noch etwas Platz für die restliche Keksmasse lassen. 1 Stunde im Gefrierfach fest werden lassen.

Dann aus dem Gefrierfach holen und jeweils 1 gehäuften TL der Keksmasse auf die Eisschicht geben. Die Krümel mit den Fingern leicht festdrücken, bis die Würfel gleichmäßig bedeckt sind.

Jetzt die Sandwiches weitere 2 Stunden im Gefrierfach kalt stellen und fest werden lassen.

Dann die Würfel aus der Form lösen, die Erdnüsse hacken, auf einen Teller geben und die Eis-Sandwiches darin wälzen.

Banana-Pudding-Eis-Sandwiches

Der Banana Pudding – ein Klassiker aus den Südstaaten – verwandelt sich hier in ein Eis-Sandwich aus Bananen, cremigem Vanilleeis und klassischen Eiswaffeln. Sie können die Waffeln auch selbst machen, aber nur mit den fertigen Waffeln aus dem Supermarkt wird es auch ein echter Banana Pudding.

ERGIBT 12 SANDWICHES

90 G	EISWAFFELN
4 EL	BUTTER (ZERLASSEN)
1	BANANE
150 G	CREMIGES VANILLEEIS

Die Eiswaffeln fein zerkrümeln und mit der Butter in einer mittelgroßen Schüssel verrühren, bis die Masse wie feuchter Sand aussieht.

Jeweils 1 gehäuften TL Kekskrümel in 12 Fächer einer Silikon-Eiswürfelform füllen. Die Waffelmasse mit den Fingern auf dem Boden der Fächer festdrücken, bis dieser gleichmäßig bedeckt ist. Dann 5 Minuten im Gefrierfach kalt stellen.

Die Eiswürfelform aus dem Gefrierfach holen, die Banane in 12 Scheiben schneiden und in jedes Fach 1 Scheibe legen. Das Eis gleichmäßig auf die 12 Fächer verteilen, mit dem Löffel glatt streichen und dabei noch etwas Platz für die restliche Waffelmasse lassen. Dann 1 Stunde im Gefrierfach fest werden lassen.

Anschließend aus dem Gefrierfach holen und jeweils 1 gehäuften TL der Waffelmasse auf die Eisschicht geben. Die Krümel mit den Fingern leicht festdrücken, bis die Würfel gleichmäßig bedeckt sind.

Die Sandwiches weitere 2 Stunden im Gefrierfach kalt stellen und fest werden lassen. Dann aus der Form lösen und servieren.

Schoko-Pistazien-Eis-Sandwiches

Die Schokokekse, die man auch als Boden für eine Cremetorte verwenden kann, werden hier fein zerkrümelt und ergeben so die perfekte Basis für dieses Eis-Sandwich. Wälzen Sie die Sandwiches am Ende kurz in gehackten Pistazien. Sie verleihen den kleinen Würfeln den entscheidenden Knusperfaktor.

ERGIBT 12 SANDWICHES

90 G	SCHOKOKEKSE (OHNE GLASUR)
4 EL	BUTTER (ZERLASSEN; ALTERNATIV KOKOSÖL)
150 G	CREMIGES VANILLE- ODER PISTAZIENEIS
60 G	PISTAZIENKERNE

Die Schokokekse fein zerkrümeln und mit der zerlassenen Butter in einer mittelgroßen Schüssel verrühren, bis die Masse wie feuchter Sand aussieht.

Jeweils 1 gehäuften TL Kekskrümel in 12 Fächer einer Silikon-Eiswürfelform füllen. Die Schokokeksmasse mit den Fingern auf dem Boden der Fächer festdrücken, bis dieser gleichmäßig bedeckt ist. Dann 5 Minuten im Gefrierfach kalt stellen.

Die Eiswürfelform aus dem Gefrierfach holen und das Eis gleichmäßig auf die 12 Fächer verteilen. Mit dem Löffel glatt streichen und dabei noch etwas Platz für die restliche Schokokeksmasse lassen. 1 Stunde im Gefrierfach fest werden lassen.

Anschließend wieder aus dem Gefrierfach holen und jeweils 1 gehäuften TL der Keksmasse auf die Eisschicht geben. Die Krümel mit den Fingern behutsam festdrücken, bis die Würfel gleichmäßig bedeckt sind.

Die Sandwiches weitere 2 Stunden im Gefrierfach kalt stellen und fest werden lassen.

Vor dem Servieren die Würfel aus der Form lösen, die Pistazienkerne fein hacken, auf einen Teller geben und die Eis-Sandwiches darin rundherum wälzen.

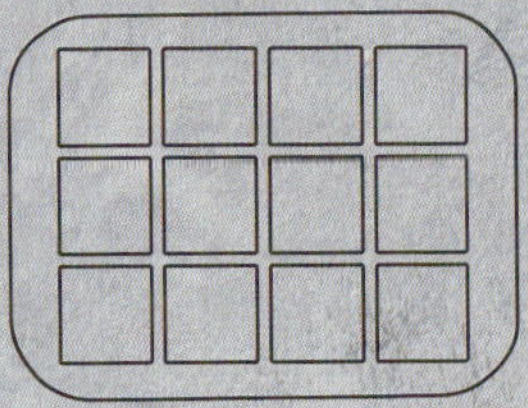

Knusperreis-Snacks

In den USA sind sie sehr beliebt und sie gehören definitiv zu den herrlichsten und einfachsten Leckereien unter den No-bake-Desserts. Eine Silikon-Eiswürfelform ist für die Herstellung dieser meist würfelförmigen Häppchen ideal. Die Rezepte hier eignen sich mit Geschmackskombinationen wie Tahin und Meersalz oder Himbeer und Mandel eher für Erwachsene. Trauen Sie sich ruhig und bringen Sie einige zur nächsten Firmenfeier mit. Gut eingepackt, kann man sie einige Tage bei Raumtemperatur lagern. Im Kühlschrank halten sie sogar noch länger.

Knusperreis-Würfel mit Erdbeerfüllung

Hier wird der traumhafte Geschmack eines Berliners in eine Knabberei aus Puffreis verpackt. Aufgepeppt mit Erdbeerkonfitüre und Zuckerstreuseln, sind die Würfel eine weniger klebrige, aber genauso köstliche Variante, um den Heißhunger auf Süßes zu stillen.

ERGIBT 12 WÜRFEL

45 G	PUFFREIS
2 EL	BUTTER
125 G	MARSHMALLOWS (ETWA 12 STÜCK)
¼ TL	VANILLEEXTRAKT
¼ TL	MEERSALZ
465 G	ERDBEERKONFITÜRE
40 G	ZUCKERSTREUSEL

Den Puffreis in eine große Schüssel geben und beiseitestellen.

Die Butter in einem kleinen Topf schmelzen. Dann Marshmallows, Vanilleextrakt und Salz hinzufügen. Bei geringer Hitze so lange rühren, bis alles geschmolzen ist und sich gut vermischt hat.

Die Masse mit einem Silikonspatel zum Puffreis geben und alles gut verrühren.

Die Hälfte der Masse gleichmäßig auf 12 Fächer einer Silikon-Eiswürfelform aufteilen. Dann die Konfitüre mit einem Löffel gleichmäßig auf der Reismasse verteilen und mit einer weiteren Schicht Reismasse und ein paar Zuckerstreuseln abschließen. Die Würfel im Kühlschrank vollständig abkühlen lassen oder bis zum Servieren kalt stellen.

Erdnuss-Schoko-Knusperreis-Würfel

Schokolade ist die Basis dieser mit Erdnussmus vollgepackten Knusperreis-Würfel. Es ist Energieriegel und Dessert in einem und wird große und kleine Knusperreis-Liebhaber begeistern. Sie können das Erdnussmus auch durch jedes andere Nussmus ersetzen. Mandelmus eignet sich sehr gut dafür.

ERGIBT 12 WÜRFEL

90 G	ZARTBITTERSCHOKOLADE (ALTERNATIV SCHOKOLADENCHIPS)
3 EL	BUTTER
45 G	PUFFREIS
125 G	MARSHMALLOWS (ETWA 12 STÜCK)
75 G	ERDNUSSMUS
¼ TL	VANILLEEXTRAKT
¼ TL	MEERSALZ

Die Schokolade mit 1EL Butter in eine hitzebeständige Schüssel geben. Etwas Wasser in einem kleinen Topf zum Köcheln bringen und die Schüssel daraufsetzen. Das Wasser darf dabei den Boden der Schüssel nicht berühren. Die Schokolade unter gelegentlichem Rühren schmelzen und anschließend vom Herd nehmen.

Sie können die Schokolade auch in 10-Sekunden-Intervallen in der Mikrowelle schmelzen und dazwischen immer wieder umrühren.

Die Schokolade gleichmäßig auf 12 Fächer einer Silikon-Eiswürfelform aufteilen und sofort im Gefrierfach 10 Minuten kalt stellen.

Inzwischen den Puffreis in eine große Schüssel geben und beiseitestellen.

Die restliche Butter in einem kleinen Topf schmelzen. Dann Marshmallows, Erdnussmus, Vanilleextrakt und Salz hinzufügen. Bei geringer Hitze so lange rühren, bis alles geschmolzen ist und sich gut vermischt hat.

Die Masse mit einem Silikonspatel zum Reis geben, alles gut verrühren und dann gleichmäßig auf die 12 mit Schokolade bedeckten Fächer aufteilen. Die Würfel im Kühlschrank vollständig abkühlen lassen oder bis zum Servieren kalt stellen.

Knusperreis-Würfel mit Tahin und Meersalz

Tahin harmoniert nicht nur herrlich mit Schokolade (siehe Schoko-Swirl-Würfel mit Tahin, Seite 20), sondern verbindet sich auch wunderbar mit Marshmallows und Butter und ergibt ein extracremiges Knusperreis-Dessert. Ein Profi-Tipp, der sich wirklich lohnt: Verwenden Sie hochwertige Meersalzflocken.

ERGIBT 12 WÜRFEL

60 G	PUFFREIS
2 EL	BUTTER
125 G	MARSHMALLOWS (ETWA 12 STÜCK)
60 G	TAHIN (SESAMMUS)
¼ TL	VANILLEEXTRAKT
⅛ TL	GEMAHLENER KARDAMOM
1 EL	SESAM
¼ TL	MEERSALZFLOCKEN

Den Puffreis in eine große Schüssel geben und beiseitestellen.

Die Butter in einem kleinen Topf schmelzen. Dann Marshmallows, Tahin, Vanilleextrakt und Kardamom hinzufügen. Bei geringer Hitze so lange rühren, bis alles geschmolzen ist und sich gut miteinander vermischt hat.

Den Sesam in einer Pfanne ohne Fett rösten. Dann gemeinsam mit der Marshmallow-Masse und den Meersalzflocken mit einem Silikonspatel gut mit dem Puffreis verrühren.

Die Masse gleichmäßig auf 12 Fächer einer Silikon-Eiswürfelform aufteilen.

Die Würfel im Kühlschrank vollständig abkühlen lassen oder bis zum Servieren kalt stellen.

Himbeer-Mandel-Knusperreis-Würfel

Ob Sie es glauben oder nicht, gefriergetrocknete Himbeeren eignen sich besser für dieses Rezept als frische. Sie werden im Mixer sehr fein gemahlen. Dadurch kann sich das Himbeeraroma gut im gesamten Dessert verteilen. Mandelextrakt verleiht dieser klassischen Süßigkeit zusätzlich das gewisse Etwas.

ERGIBT 12 WÜRFEL

15 G	GEFRIERGETROCKNETE HIMBEEREN
45 G	PUFFREIS
2 EL	BUTTER
125 G	MARSHMALLOWS (ETWA 12 STÜCK)
¼ TL	MANDELEXTRAKT
¼ TL	MEERSALZ

Die Himbeeren im Mixer fein mahlen, mit dem Puffreis in eine große Schüssel geben und beiseitestellen.

Die Butter in einem kleinen Topf schmelzen. Dann Marshmallows, Mandelextrakt und Salz hinzufügen. Bei geringer Hitze so lange rühren, bis alles geschmolzen ist und sich gut vermischt hat.

Die Masse mit einem Silikonspatel zum Puffreis geben, alles gut verrühren und gleichmäßig auf 12 Fächer einer Silikon-Eiswürfelform aufteilen.

Die Würfel im Kühlschrank vollständig abkühlen lassen oder bis zum Servieren kalt stellen.

Himbeer-Mandel-Knusperreis-Würfel

A

B

C

E

L

M

O

P

R

Olivia Mack McCool ist Food-Stylistin, Rezeptentwicklerin und Kochbuchautorin.

Ihre Arbeiten in Kochbüchern, Zeitschriften und für Werbekampagnen sind von ihren Lehrjahren an der Pariser Kochschule **Le Cordon Bleu** und der bunten Food-Szene New Yorks geprägt. Wenn sie nicht gerade am Set oder beim Schreiben ist, findet man sie auch zu Hause in der Küche wieder, wo sie für ihre Familie und Freunde kocht.

Impressum

Bibliografische Information der Deutschen Bibliothek.

Die Deutsche Bibliothek verzeichnet diese Publikation in der Deutschen Nationalbibliografie. Detaillierte bibliografische Daten sind im Internet über http://www.dnb.de/ abrufbar.

EIN BUCH DER EDITION MICHAEL FISCHER

1. Auflage 2020

Erstveröffentlicht by Dovetail Press in Brooklyn, New York, a divison of Assembly Brands LLC

Titel der Originalausgabe: Ice Try Treats – effortless chilled desserts that everyone will love

Aus dem Englischen übertragen von Verena Thiard-Laforet

Projektleitung und Lektorat: Marline Ernzer
Covergestaltung und Satz: Lara Nelles
Texte: Olivia Mack McCool
Fotos: Scott Gordon Bleicher

ISBN 978-3-96093-709-8
Gedruckt bei Polygraf Print, Čapajevova 44, 08001 Prešov, Slowakei

www.emf-verlag.de